CUENTOS PARA TODO EL AÑO

La jaula dorada

PREMIO CAMPOY-ADA
Literatura Infantil y Juvenil
ACADEMIA NORTEAMERICANA DE LA LENGUA ESPAÑOLA

Celebrando a las familias
**Campoy Coronado
Ada Lafuente**

ALFAGUARA
INFANTIL Y JUVENIL
SANTILLANA

*Para Constance Beutal, mi alumna y maestra,
amiga dilecta.*

© **1999 Santillana USA Publishing Co., Inc.**

2105 N.W. 86th Ave.
Miami, FL 33122

00 01 02 10 9 8 7 6 5 4 3 2 1

Printed in Mexico

ISBN: 1-58105-182-4

El día que trajeron a la abuelita del hospital, Nicolás quedó muy sorprendido al verla, porque la abuelita estaba en una silla de ruedas.

—Abuelita ha estado muy enferma —le explicó su mamá—. No le es fácil caminar bien, por eso está en la silla de ruedas.

Para Nicolás, eso era muy difícil de aceptar. Porque la abuelita siempre había caminado a la tienda, caminado a la escuela acompañándolo, caminado por la casa haciendo cosas. Verla siempre sentada en una silla lo ponía muy triste.

La abuelita que antes siempre estaba ocupada, cocinando, limpiando, cosiendo, ahora se pasaba largas horas frente a la ventana.

—¿Qué miras, Abue? —le preguntó una tarde Nicolás.

—A los gorriones —dijo la abuelita—. Mira cómo encuentran siempre algo que comer. Fíjate en aquel ¡qué gordito está!

Se acercaba Navidad. Nicolás, en lugar de pensar en un regalo para sí, pensaba en un regalo para la abuelita. Algo que le pudiera gustar, algo que la alegrara.

El día que fue a las tiendas con su madre vio en una tienda de animales una hermosa jaula dorada llena de pajaritos. Y Nicolás se acordó de la abuelita mirando a los pajaritos por la ventana. Se dijo a sí mismo: —Eso es lo que quiero para Navidad, eso es lo que quiero regalarle a la abuelita. Así siempre tendrá pajaritos que mirar.

Como todas las Navidades, su tío le mandó un cheque para que se comprara algún juguete que le gustara. —Sé que te gustan los rompecabezas —decía la carta de tío Manuel—. Pero, en lugar de comprarte uno prefiero que lo elijas tú.

Nicolás, muy contento, pensó que ése era el primer dinero para la jaula dorada. Y lo puso en una caja de chocolates vacía.

Su padre, que vivía en otra ciudad, llamó por teléfono a preguntarle qué quería para Navidad. —¿Por qué no me das el dinero, Papá? —le pidió Nicolás—. Prefiero comprarlo yo.

A su papá lo sorprendió mucho, porque Nicolás nunca le había pedido dinero. Pero aceptó y le envió el dinero que Nicolás también guardó en la caja.

El sábado, Nicolás le preguntó a su mamá si le daba permiso para limpiar los patios llenos de hojas secas de los vecinos. El dinero que le entregaron lo puso en la caja.

Y cuando le pagaron por haber repartido periódicos todo el mes, guardó hasta el último centavo con lo que ya tenía. Ya no le faltaba mucho para tener la cantidad que necesitaba.

Nicolás tenía una pecera llena de pececitos. El último mes habían nacido muchísimos. Nicolás los puso casi todos en un pomo. Se fue a la tienda de animales y se los vendió al dueño.

—Quisiera comprar esa jaula dorada, pero todavía me faltan seis dólares —le explicó al dueño de la tienda—. Si Ud. me dejara llevar hoy la jaula, le prometo seguirle trayendo pececitos.

—Me parece muy bien —le dijo el hombre de la tienda—. Siempre necesito pececitos. ¿Qué pajaritos quieres?

—Ahora sólo quiero llevar la jaula —dijo Nicolás—. Tengo un libro de pájaros y quiero averiguar cuáles le gustan más a mi abuelita.

El hombre le dio una caja para la jaula. Cuando llegó a su casa Nicolás envolvió la jaula con cuidado. Luego le puso un gran lazo que le dio su madre.

La abuelita estaba muy sorprendida al ver que había un regalo tan grande para ella. Nicolás le había enseñado la tarjeta que decía:

PARA MI ABUELITA: ESPERO QUE TE GUSTE MUCHO ESTE REGALO.

El día antes de Navidad, Nicolás se sentó junto a la abuelita con su libro de pájaros. Y le preguntó: —¿Abue, cuáles son tus pájaros preferidos?

—Me gustan tantos . . . —le respondió la abuelita—. Siempre me da una gran alegría ver a los petirrojos anunciando la primavera. Y quiero mucho a los azulejos. Una vez crié uno que se había caído de un nido . . . Tenía que alimentarlo todo el tiempo. Y se pasaba el día emperchado en mi dedo. Fue muy difícil dejarlo ir. Pero, ¡qué alegría verlo volar libremente! Y las palomas, Nicolás, qué lindas las palomas. Mi mamá criaba palomas blancas . . .

—Y de estos pajaritos, Abuelita, de los que se pueden poner en jaula, ¿no te gusta ninguno?

—¿Sabes, Nicolás, que hay lugares en la Tierra donde esos pajaritos viven libremente volando entre los árboles? Si yo viviera en uno de esos países a mí me gustarían esos pajaritos, porque podría verlos volar libremente . . .

Nicolás la miró muy sorprendido.

—Precisamente ahora —siguió diciendo la abuelita—, que no me puedo mover como quisiera, cuando veo a los pájaros por la ventana es como si ellos volaran por mí . . . Por eso me sería muy difícil poner a un pajarito en una jaula.

Nicolás oyó que su madre lo llamaba y salió apurado. No sabía qué pensar. Por una vez se alegró de que era hora de ir a repartir periódicos. Los primeros los tiró con furia a los portales. Después de tanto esfuerzo ¡había escogido el regalo equivocado! Pero luego se calmó, y entonces le vino una idea. Ahora sí tenía que darse prisa.

Cuando Nicolás llegó a su casa, entró corriendo y luego volvió a salir, con la caja hermosamente envuelta en brazos.

—Quisiera devolver la jaula —le explicó Nicolás al hombre de la
tienda de animales—. Necesito algo muy diferente.

Cuando Nicolás regresó de la tienda traía en las manos una canasta. Y le explicó a su abuelita.

—Tu regalo no va a quedarse tranquilo debajo del árbol, Abuelita. Vas a tener que abrirlo enseguida, aunque todavía no sea Navidad.

—Es un regalo perfecto, Nicolás. ¡Un regalo perfecto! —dijo la abuelita mientras acariciaba al precioso gatito en su regazo.